Te man teraa Ngai?

Te korokaraki iroun
Katherine Christensen

Library For All Ltd.

E boutokaaki karaoan te boki aio i aan ana reitaki ae tamaaroa te Tautaeka ni Kiribati ma te Tautaeka n Aotiteeria rinanon te Bootaki n Reirei. E boboto te reitaki aio i aon katamaaroaan te reirei ibukiia ataein Kiribati ni kabane.

E boreetiaki te boki aio iroun te Library for All rinanon ana mwane ni buoka te Tautaeka n Aotiteeria.

Te Library for All bon te rabwata ae aki karekemwane mai Aotiteeria ao e boboto ana mwakuri i aon kataabangakan te ataibwai bwa e na kona n reke irouia aomata ni kabane. Noora libraryforall.org

Te man teraa Ngai?

E moan boreetiaki 2022
E moan boreetiaki te katootoo aio n 2022

E boreetiaki iroun Library For All Ltd
Meeri: info@libraryforall.org
URL: libraryforall.org

Atuun te boki Te man teraa Ngai?
Aran te tia korokaraki Christensen, Katherine
ISBN: 978-1-922827-66-1
SKU02182

Te man teraa Ngai?

Ko kona ni keetinna bwa teraa ngai?

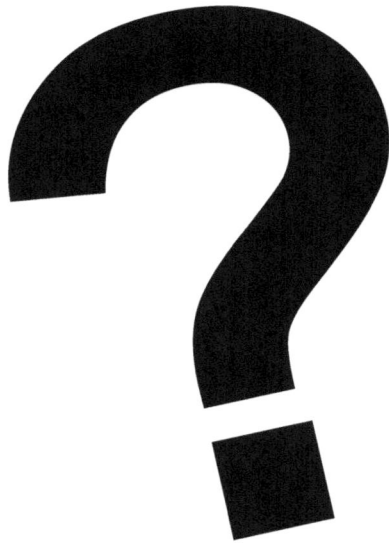

Boni ngai te man ao
I roroo ma ni mainaina.

A roroo ma ni mainaina taian Tieebura.

Ma a rietaata ao ngai
I rinano riki.

A roroo ma ni mainaina
kuua aika kamaamate.

Ma a maeka i marawa ao ngai I maeka i aon te aba.

A roroo ma ni
mainaina Baenta.

Ma a taatangiria ni
kanii baamboo ao ngai
I kanii aroka ao maan
aika uarereke.

A takaroroo ma ni mainaina Benkuin.

Ma a nakonako ni waeia aika uaai ao ngai I nakonako i aon aai waeu.

A roroo ma ni mainaina tabeua tineiki.

Ma iai inaia tineiki ao ngai e buraerae kuniu.

Iai taian bwebwe ma mannikiba aika a roroo ma ni mainaina.

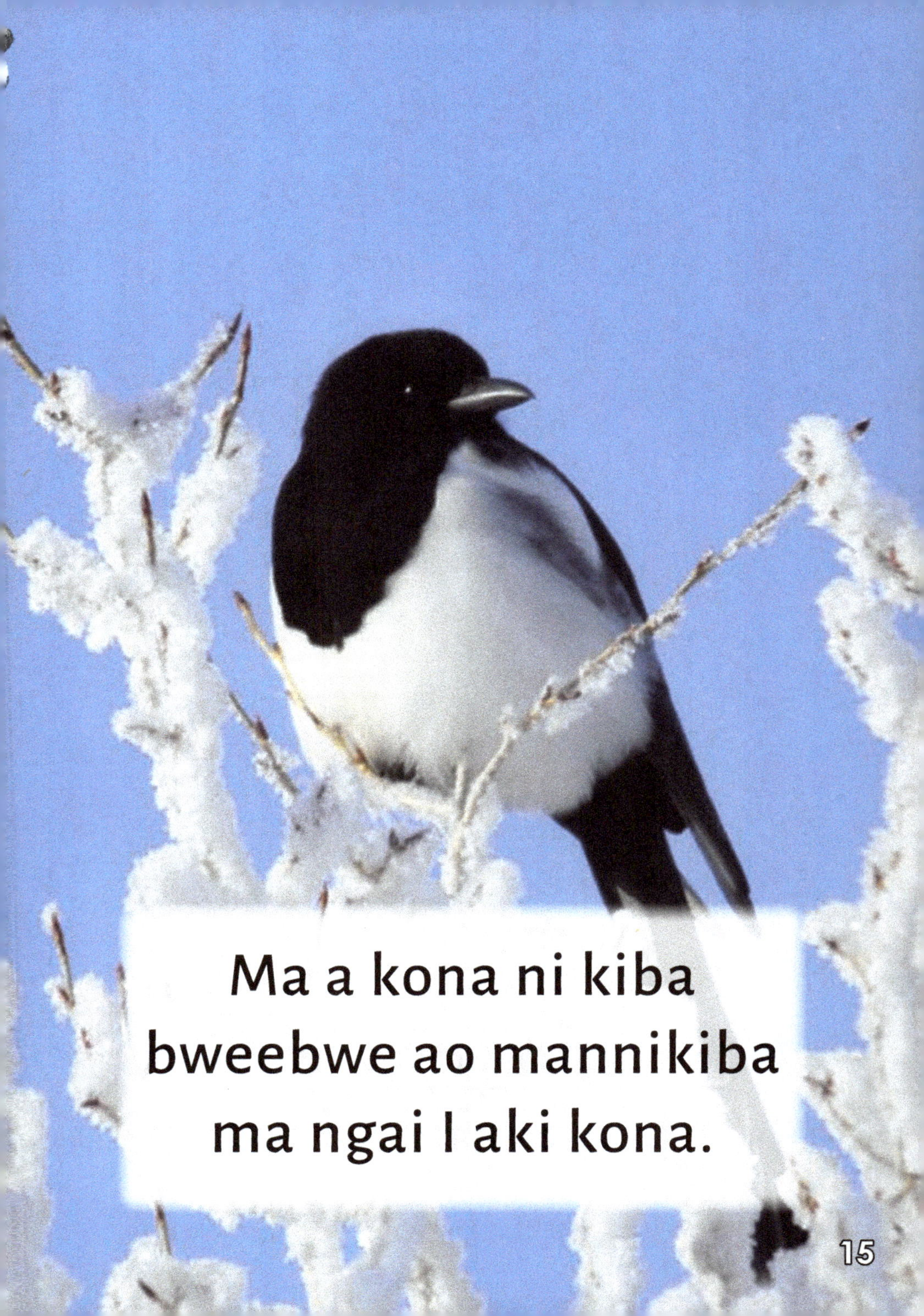

Ma a kona ni kiba bweebwe ao mannikiba ma ngai I aki kona.

A mwaiti kamea ma
katamwa aika roroo
ma ni mainaina.

Ma kaanga I aki bati ni maninaki irouia aomata.

Iai boiu ae korakora ae aki tangiraki irouia aomata.

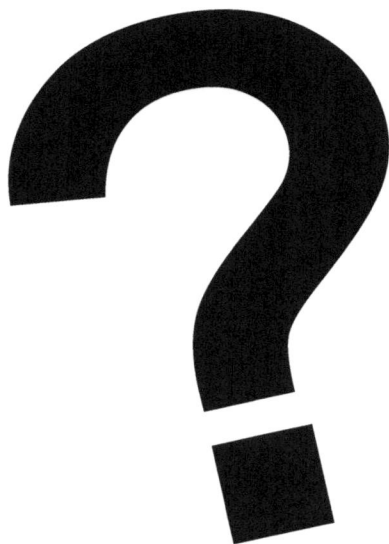

?

Ko ataia bwa teraa ngai?

Bon te Tikangki Ngai!

Ko kona ni kaboonganai titiraki aikai ni maroorooakina te boki aio ma am utuu, raoraom ao taan reirei.

Teraa ae ko reiakinna man te boki aio?

Kabwarabwaraa te boki aio.
E kaakamanga? E kakamaaku?
E kaunga? E kakaongoraa?

Teraa am namakin i mwiin warekan te boki aio?

Teraa maamaten nanom man te boki aei?

Karina ara burokuraem ni wareware
getlibraryforall.org

Rongorongoia taan ibuobuoki

E mmwammwakuri te Library For All ma taan korokaraki ao taan korotaamnei man aaba aika kakaokoro ibukin kamwaitan karaki aika raraoi ibukiia ataei.

Noora libraryforall.org ibukin rongorongo aika boou i aon ara kataneiai, kainibaaire ibukin karinan karaki ao rongorongo riki tabeua.

Ko kukurei n te boki aei?

Iai ara karaki aika a tia ni baarongaaki aika a kona n rineaki.

Ti mwakuri n ikarekebai ma taan korokaraki, taan kareirei, taan rabakau n te katei, te tautaeka ao ai rabwata aika aki irekereke ma te tautaeka n uarokoa kakukurein te wareware nakoia ataei n taabo ni kabane.

Ko ataia?

E rikirake ara ibuobuoki n te aonnaaba n itera aikai man irakin ana kouru te United Nations ibukin te Sustainable Development.

libraryforall.org

www.ingramcontent.com/pod-product-compliance
Lightning Source LLC
Chambersburg PA
CBHW041534070426
42452CB00045B/2901